PARAÍSO EN EL DESENLACE

ExLibric

DESISLAVA TOMOVA

PARAÍSO EN EL DESENLACE

EXLIBRIC

ANTEQUERA 2020

PARAÍSO EN EL DESENLACE
© Desislava Tomova
© de las ilustraciones de interior: Dinko Nenov
Traducción: María Páchkova
Diseño de portada: Dpto. de Diseño Gráfico Exlibric

Iª edición

© ExLibric, 2020.

Editado por: ExLibric
c/ Cueva de Viera, 2, Local 3
Centro Negocios CADI
29200 Antequera (Málaga)
Teléfono: 952 70 60 04
Fax: 952 84 55 03
Correo electrónico: exlibric@exlibric.com
Internet: www.exlibric.com

Reservados todos los derechos de publicación en cualquier idioma.

Según el Código Penal vigente ninguna parte de este o
cualquier otro libro puede ser reproducida, grabada en alguno
de los sistemas de almacenamiento existentes o transmitida
por cualquier procedimiento, ya sea electrónico, mecánico,
reprográfico, magnético o cualquier otro, sin autorización
previa y por escrito de EXLIBRIC;
su contenido está protegido por la Ley vigente que establece
penas de prisión y/o multas a quienes intencionadamente
reprodujeren o plagiaren, en todo o en parte, una obra literaria,
artística o científica.

ISBN: 978-84-18470-26-4
Depósito Legal: MA-1183-2020

Nota de la editorial: ExLibric pertenece a Innovación y Cualificación S.   L.

DESISLAVA TOMOVA

PARAÍSO EN EL DESENLACE

*Dedico este libro a mis padres, en memoria a mi mejor amigo,
Andrey Leshkov, y a mi precioso OSO,
que está presente invisiblemente en mi vida.*

Índice

El chat Amor

Viki había cumplido ya los 37 años, pero seguía siendo soltera. Por su aspecto exterior nunca le echaban más de 27. Rostro fresco, cutis fino, cuerpo esbelto y flexible; no podía quejarse de carecer de atención masculina, pero el amor siempre pasaba de largo. Siempre se topaba con hombres inadecuados: comprometidos, casados, o bien, homosexuales. Lo que los unía era su autosatisfacción y su poco respeto por todo lo que no fuera de su propio interés. Viki estaba al borde de la desesperación. Encontraba consuelo escribiendo historias curiosas que salían en periódicos o revistas. Cada semana más o menos le llegaban al móvil y al fijo de su casa varias llamadas anónimas seguidas de un silencio.

Un día abriendo el Facebook vio una solicitud de amistad de un atractivo hombre llamado Jean-Michel, que vivía en París, pero había nacido en Milán. Era supervisor de producciones fílmicas. Muy esbelto, con músculos bien marcados y una vestimenta extravagante y colorida: amplios pantalones con dibujos indios y una ceñida blusa blanca de algodón. Empezaron a chatear; resultó que compartían intereses y gustos. Intercambiaban fotos todos los días. Finalmente, Jean-Michel le pidió el número de teléfono para comunicarse por WhatsApp. Él le hizo una videollamada. Viki descolgó de inmediato y se puso a hablar en español:

—¡Hola, Jean! —Tenía el video conectado y le hacía muequitas, mandándole besos a distancia—. ¿Qué hay? ¡Prometiste venir a verme en Bulgaria! Estoy aquí, esperándote. Estoy haciendo un doctorado en Dramaturgia, pero ya encontraré tiempo también para ti.

—¿Puedo quedarme en tu casa cuando llegue?

—Me lo voy a pensar… Verás, es que no nos conocemos personalmente. Te puedes quedar donde un amigo, en su hostal. Primero deberíamos conocernos un poco mejor, ¿no crees?

—Si quieres, puedes venir tú a París a hacerme una visita.

—Gracias, pero prefiero que nos conozcamos primero un poco más. ¿Para cuándo reservo eventualmente el hostal?

—Esta semana tengo que viajar a Costa de Marfil por unos asuntos familiares relacionados con los bienes de mi padre, trágicamente fallecido, que vivía allí. Te llamaré para fijar una fecha.

—De acuerdo. Esperaré tu llamada. Hasta pronto.

Cerca de una semana más tarde Viki recibió una llamada por WhatsApp de un número que empezaba por +225. Enseguida reconoció a su nuevo amigo, que la llamaba desde Costa de Marfil.

Jean-Michel le mandó una foto desde el aeropuerto. Ya se había encaminado a Sofía. Al cabo de un día y medio estaba en el aeropuerto de la capital. Tomó un taxi para el Guest House de la avenida Dondukov. Allí lo recibió el dueño, Misho, y lo acomodó en una habitación con cama de matrimonio. Jean-Michel se bañó y se acostó. Al día siguiente tenía una cita con Viki con la idea de hacer un *tour* por Sofía. Se pasaron todo el día recorriendo galerías y museos, y por la noche fueron a escuchar *jazz* en vivo y a comer algo. Después Jean-Michel invitó a Viki a ir al hostal. Le prometió que rodarían una película con un guion suyo. Viki, encandilada por ese hombre tan guapo y sus seductoras propuestas, aceptó. Cuando llegaron al hostal, había bastante gente reunida en el comedor, conversando. Misho les sugirió que se compraran algo en el bar. Jean-Michel escogió una botella de rosé y se fueron para su habitación, donde charlaron mientras se iban bebiendo el vino poco a poco. Casi imperceptiblemente, Viki fue desvistiéndose hasta quedarse en ropa interior. Jean-Michel estaba excitado. La agarró y la tumbó en la cama, haciendo que Viki gimiera de placer.

Jean-Michel se quedó en Bulgaria una semana. Viki le mostró lugares interesantes para los extranjeros. Lo llevó al cine y le enseñó la cultura y la gastronomía de Bulgaria. Finalmente lo acompañó al aeropuerto. De vuelta a casa, Viki recibió una llamada anónima. Descolgó. Silencio. Después escuchó una respiración y unos sonidos extraños, como el chirrido de una puerta y rumores.

Al regresar a París, Jean-Michel le escribió diciéndole que la invitaba a visitarlo por San Valentín y le envió un corazón de nubes en el cielo. El corazón de Viki rebosaba de alegría. Por fin había encontrado un alma dulce y romántica como la suya, y sin pensárselo dos veces aceptó.

Nada más llegar a París, Jean-Michel la llevó a su casa, una amplia vivienda con vistas al Sena. Cenaron y se acostaron. Al día siguiente, el Día de los Enamorados, les esperaba una jornada tensa. Jean-Michel llevó a Viki al plató de una coproducción ítalo-francesa. La exuberante vegetación y los intensos preparativos para el rodaje la embriagaron; había cables diseminados por todas partes.

Ella tenía una tarjeta francesa para su móvil. Recibió una llamada anónima, pero no le prestó atención. Después oyó decir al director: «¡Silencio, por favor! Estamos rodando». Pasaron catorce horas sin que se diera ni cuenta. Cuando anunciaron «¡Fin!», ella miró a todos lados en busca de Jean-Michel. Él la abrazó y la llevó hacia su coche, un Chevrolet amarillo. Viki subió. Al cabo de un cuarto de hora le pareció que iban por una ruta desconocida y que se alejaban de la vivienda de Jean-Michel.

Llegaron a una casa abandonada en una zona alejada al sur de París. Viki, perpleja, le preguntó por qué estaban allí. Jean-Michel le dijo que le tenía una sorpresa por el día de fiesta. Ella cruzó el umbral de la casa muy recelosa. Dentro estaba todo oscuro, y eso la asustó.

Jean-Michel la empujó hacia el interior y cerró la puerta a sus espaldas. La agarró de los brazos. Después hizo que se sentara en una silla, la ató a ella y le tapó la boca. Viki oía sus pasos alejarse. También oyó el golpe de la puerta al cerrarse. Entonces se escuchó una risa siniestra. Alguien prendió las luces y Viki vio a un hombre mayor que había empapelado la habitación con fotos de ella. Él se le acercó y empezó a manosearla.

El cuco

Las flores se llenan de color. Los árboles se visten de verde. Llega la voz del cuco que canta cucú, cucú. Así es como el varón busca la hembra. El sol acaricia con sus rayos la cara de una mujer joven y bella, que lleva un largo vestido de flores que se fusiona con el cuadro a su alrededor. Eleonor Lucrecia, como se llamaba la joven mujer, se acercaba lentamente a la puerta de una casa de dos pisos con un enorme patio. Era temprano, las siete de la mañana.

Ella miraba a su alrededor con ansiedad. Llevaba una cesta con un bulto. De las mantas asomaba una criatura pequeña, de ojos grandes, tal vez un niño, que miraba a su madre con espanto. Sus manos temblaban. Dejó rápidamente la cesta ante la puerta, procurando que no la viera nadie. Atravesó rápidamente el jardín y salió por la puerta de metal. Cuando se alejó, oyó el estridente llanto del bebé; se estremeció y fijó la mirada en el suelo.

Al oír la voz del bebé, el dueño de la casa, un hombre de mediana edad, abrió la puerta y vio la cesta. Llamó a su mujer, quien con gran sorpresa le dijo:

—Querido Eduardo, Dios nos ha enviado a este bebé. No pudimos tener hijos propios, pero así tendríamos uno. ¿Qué te parece? Podemos adoptarlo.

—Querida Lucia, esto es un regalo de Dios. Por fin tendré una persona a la que dedicarme, aparte de a ti, claro está.

Llena de alegría, Lucia tomó la cesta con el bebé. Al mismo tiempo Eleonor Lucrecia se acercaba a su casa sollozando. Estaba mareada. Entró en su habitación y dio un portazo. Se tumbó en la cama y ocultó la cara en la almohada. Su teléfono sonó. Leyó el nombre de David en la pantalla. Con las manos temblorosas y los ojos rojos, la mujer tomó el auricular.

—Eleonor, ¿te has deshecho del bastardo?

Justo en ese momento aparecieron ante sus ojos cuadros del grosero comportamiento de aquel hombre. Una noche, bajo el efecto del alcohol, él abusó de la confianza de la muchacha, que creía que podía pasar la noche con él sin complicaciones. En lugar de eso él la tumbó en la cama, desgarró su ropa y la penetró con rapidez, envolviéndola en el humo del cigarrillo que fumaba. Apenas oía sus palabras y le dijo:

—Eres una bestia, no me llames más. Mucho tiempo observé a una familia sin hijos. Ellos cuidarán de mi hijo como si fuera suyo. Lo dejé ante la puerta de su casa.

—Has hecho bien. Tú eres una mujer desgraciada y chiflada. No puedes cuidar de ti, y mucho menos de otra persona.

Después de esas palabras Eleonor Lucrecia colgó el teléfono. Se había quedado pálida. Entonces se acercó a la ventana, la abrió y respiró profundamente. En el árbol que había frente a ella vio un ave del tamaño de una paloma, de cola larga, color gris en la parte superior del cuerpo, pecho multicolor y abdomen de rayos oscuros. Ponía sus huevos en el nido del bisbita común, un ave menor que habitaba el árbol desde hacía años. Cuando dejaba sus huevos en el nido ajeno, el cuco volaba lejos. Eleonor se consolaba viendo lo que sucedía en ese árbol. Las crías del cuco habían nacido antes de los demás y, como es su instinto, empujaron al resto de los huevos del nido. Eleonor pensó que se parecía a esta ave: en vez de construir un nido propio, el cuco utiliza el de un anfitrión. Al igual que el cuco hembra, ella encontró un nido idóneo y esperó a que este no estuviera custodiado. El ave tira uno de los huevos y deposita en su lugar el suyo. Ella también hizo así: su soledad espiritual y su destino, nada envidiable, la habían obligado a dejar la custodia de su hijo en las manos de otra madre.

Con la mirada perdida en el cielo nublado Leonor pensaba: «Ojalá el niño sea feliz con esa nueva familia. Sin duda, esas personas cuidarán de él mejor que yo. Están bien acomodados, tienen buenas profesiones y son padres que lo amarán. ¿Qué más necesita mi hijo? Recibirá buena formación y gozará de la vida, algo que yo nunca logré».

Los padres adoptivos habilitaron para el bebé una habitación llena de almohadas y juguetes de peluche. Estaban rodeados de personas llenas de alegría que les llevaban más y más regalos. Les felicitaban por el hecho de que por fin se había cumplido su deseo de tener un hijo. En la atmósfera alegre de la fiesta el teléfono de Lucía comenzó a sonar larga e insistentemente. Se fue a la otra habitación. La llamaba el médico de cabecera, el doctor Rosental, que con gran solemnidad le dijo:

—Querida Lucía, tengo una excelente noticia para ti: de los siete embriones que fertilizamos *in vitro* tres se están desarrollando muy bien y podría implantártelos en estos días.

Al oír aquellas palabras, a Lucía se le cayó el teléfono cayó de la mano.

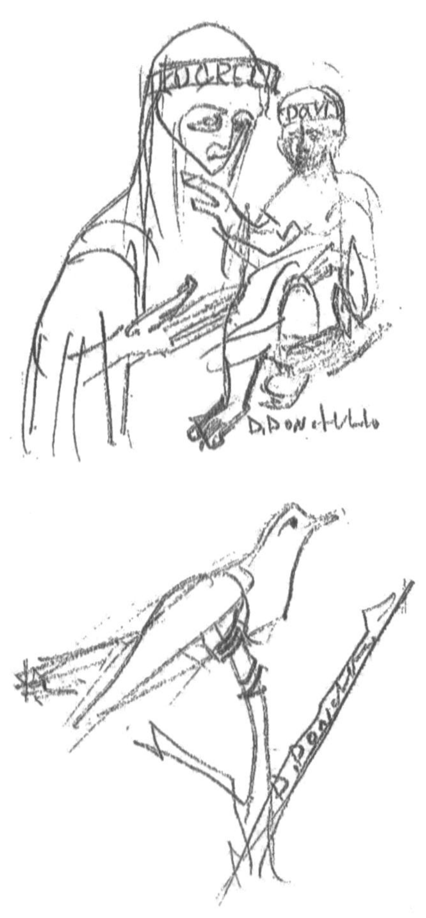

El lago Inari

La soledad no siempre significa estar solo. Millones de personas en el mundo no tienen pareja y, a pesar de ello, viven en armonía. Otros, que parece que hayan encontrado su alma gemela, se desgarran por contradicciones internas, sintiéndose solos e incomprendidos. Terceros están solos y solitarios a la vez. Sus problemas internos saltan a la vista. Ellos acusan al mundo por sus errores en vez de mirarse a sí mismos. Siempre tienen la razón y nadie y nada puede ayudarles para superar su deplorable estado.

Patricia, una mujer de mediana edad, estaba rodeada de personas que no dejaban de murmurar, a quienes llamaba parásitos que le chupaban la sangre. No podía jactarse de un destino envidiable. Tenía a sus espaldas un matrimonio infeliz que contrajo cuando tenía 33 años. La convivencia duró tan solo tres meses; estaba casada con un productor musical italiano, Michele, a quien veía cuando este no tenía compromisos y se encontraba en la misma ciudad. Vivían en Milán, pero él siempre viajaba con los grupos y los intérpretes. En los albores de su matrimonio entre ellos había una pasión y una química que fueron convirtiéndose en odio, lucha por la supremacía e irritación. Ambos tenían caracteres difíciles y no se llevaban bien. A juicio de Patricia era ella la que solía ceder, ya que le permitía viajar durante algunas semanas. Al principio lo acompañaba. Después él comenzó a justificarse, que ya no había presupuesto para ella y que no podía viajar con él, hasta que llegó el momento en que todo terminó. Finalmente comenzó a salir con una de las asistentas, una joven de 18 años con boca y pestañas artificiales con las cuales parpadeaba como una sierva herida mientras esperaba cobrar el pago extra. Todo ello atraía mucho a Michele y en un abrir y cerrar de ojos abandonó su vida común. Menos mal que tras esta historia no hubo consecuencias imprevistas, como un embarazo no planificado. Patricia era diseñadora de interiores. Tenía su propio taller y ganaba bien, pero no se imaginaba que podía vivir como una madre soltera. Ella anhelaba tener a su lado a una persona con la que pudiera contar. Estaba sumida en sus pensamientos y su corazón estaba cubierto de hielo. ¿Podía superar el frío que la agarraba por dentro para convertirse de nuevo en aquella criatura feliz que era antes de conocer a Michele? En el pasado tuvo algunos intentos frustrados de aproximarse a los objetos de su amor. Todo le parecía perdido. Le irritaban la cordialidad y la amistad falsas de los italianos. Su madre era italiana y había abandonado a su papá para casarse de nuevo. Su padre, Félix, que vivía en Sodankila (Finlandia), la había invitado a visitarle. No lo veía desde hacía un año.

—¡Hola, papá! ¿Está todo en orden? ¿Puedo visitarte la próxima semana?

—Claro, siempre eres bienvenida.

—¿Necesitas algo, papá?

—Exceptuando tu presencia, nada más.

—Espero nuestra cita con impaciencia —exclamó Patricia.

Ella comenzó a preparar su equipaje, una maleta con lo más necesario y ropa. Había decidido quedarse unos diez días. Era invierno y tenía que disponer de ropa que abrigara bien. Félix vivía en la región de Laponia finesa y su hija quería ver la aurora boreal y sentir las infinitas noches de enero. Tras unas horas de viaje, el avión aterrizó. Su padre la esperaba en el aeropuerto. La besó tiernamente en la mejilla, la abrazó y la acomodó en el coche. Patricia estaba bastante cansada. Después de la cena se retiró a su habitación para dormir.

Al otro día conoció a su vecina, Ilda, una joven solitaria que habitaba la casa al lado de la suya. Enseguida le cayó bien. Les unía un vínculo invisible: ambas habían sido abandonadas por los hombres a los que querían. Ilda tenía solo 25 años y la oportunidad de encontrar un nuevo amor. La expresión de su cara era tranquila y fría. Le propuso a Patricia que observaran juntas el extravagante fenómeno natural (la aurora boreal), la causa principal por la cual Patricia amaba Finlandia. La otra causa era poder derretir los hielos en su alma en ese norte lejano. Las dos contemplaban enormes manchas de luz en el cielo, rayos movedizos como arcos iris, cortinas de luz y manantiales de luz. La aurora presentaba colores verde pálido y rosa, aunque también había matices de rojo, amarillo y violeta. Decidieron pasar unos días juntas, solas ellas dos, en un iglú cerca del lago Inari. Era una excelente manera de vencer al frío: observando el fenómeno natural desde el iglú y tomando té caliente.

Algo impacientaba a Ilda. No pudo dormir en toda la noche. Patricia vio como se tomó unas pastillas. Después se acostó de nuevo en la cama para descansar. Por la mañana Ilda salió silenciosamente y fue al lago helado. Llevaba patines; se los puso rápidamente y se encaminó a la pista de hielo, donde comenzó a bailar como una bailarina. En ese momento Patricia se despertó y se acercó a la mesa. Allí vio los antidepresivos de Ilda. Se dio cuenta de que no estaba y fue a buscarla. Pensó que podría haber ido al lago. El día anterior le había dicho que el lugar la tentaba. Cuando llegó, Patricia vio como su nueva amiga hacía círculos sobre el lago helado. Se estremeció. Ilda se movía sobre el hielo como en éxtasis. Patricia le gritó: «¡Vuelve enseguida!» Justo en ese momento el hielo se rompió e Ilda se hundió en la grieta que se había abierto para tragársela.

El mecánico

Era un caluroso día de julio y Víctor, importante productor de series de televisión que elogian a la mafia, subió a su nuevo Ferrari de color rojo llamativo y se encaminó al taller mecánico. Unos treinta minutos después llegó al trabajo de su mecánico Rumen. En el taller se escuchaba chalga a tope. Víctor, vestido sin esmero, iba ataviado con varios anillos y aretes, y tenía tatuajes por todo el cuerpo. Se dirigió a Rumen:

—Me parece que las pastillas de freno deben ser cambiadas. ¿Puedes verlas?

—Desde luego. Voy a cambiártelas, pero tengo que pedir las que encajan con tu modelo. Llámame dentro de una semana.

Víctor le tendió la mano al mecánico y se fue caminando igual que un vencedor, como creía que era y como se lo inculcaban los demás, ya que lograba que camiones tipo TIR cruzaran la frontera ilegalmente y sin pagar accisas. Gracias a esto podía invertir el dinero en cine y series de televisión de baja calidad. Había aparcado el coche frente al taller mecánico. Rumen pidió a su asistente que lo condujera adentro y lo colocara entre las dos columnas de la plataforma elevadora.

Hacía un calor tremendo, el mercurio marcaba 35 °C. Grandes gotas de sudor se deslizaban por la frente de Rumen.

Él había fijado la mirada en el Ferrari cuando ante sus ojos apareció una bella rubia, Pamela Anderson, vestida con escasa lencería *sexy* de color rojo. Rumen la había colocado en la barra de un bar para "arreglarle" distintas imperfecciones de su cuerpo. Ella gemía de placer y se volvía al otro lado para obtener más mejoras. Cuando terminó el procedimiento de reparación de la famosa rubia, Rumen suspiró con alivio. A su lado estaba su asistente y lo rociaba con agua. Le dio una botella de fría cerveza y le dijo:

—Jefe, pareces mareado. ¿Estás bien?
—Creo que es por el calor. Además, llevo mucho tiempo sin haber estado con una mujer.

Rumen bebió de la cerveza. Cuando se recuperó, comenzó a reparar el rojo Ferrari.

El osito

Navegando por Internet, Agnés descubrió un dulce osito *gif file* y lo descargó en su ordenador. Le gustaba encontrar semejanza entre las personas, caras a su corazón y algunos animales. Esto la divertía. Últimamente su animal preferido era el oso, emblemático de Alemania. En el sofá de su sala de estar había un gran oso de peluche con un corazón entre las zarpas. En los azulejos de la cocina y en las camas, en todas partes había pegado ositos como símbolo de su simpatía por el ser amado, a quien ella llamaba el osito. Siempre estaba completando su colección de ositos. Lo más divertido eran sus declaraciones de amor por Viber, donde había un montón de opciones de emoticones de ositos. Ella bromeaba de este modo con su amado Plamen, quien no le hacía especialmente caso. Siendo director de cine, estaba permanentemente rodando; el resto del tiempo lo pasaba en su bar preferido o lo dedicaba a su novia, artista de *ballet*.

Agnés ardía de amor por él y cada noche se encaminaba al bar con la esperanza de verlo. Sus caminos siempre se cruzaban, pero él no le permitía que se le acercara, ni respondía a sus llamadas; sin embargo, esta sincronía no dejaba de conectarlos. Ellos se veían cada día en el bar, a diferentes horas, sin previo acuerdo. Al principio, Agnés se sorprendía mucho por estas coincidencias. Su amor era tan solo platónico. Finalmente ella se cansó y dejó de ir a este establecimiento, pero no por ello su relación languideció; al contrario, se hizo incluso más fuerte. Agnés empezó a toparse con él en todo tipo de sitios por la ciudad y sospechó que la seguía. Se sentía asustada, como un títere en manos de su titiritero.

Estaba sumida en declaraciones de amor por Viber. Plamen tenía la costumbre de llamarla vía Internet al ver que ella no estaba en línea. Agnés no podía explicarse ese extraño hecho. Todos sabían de su enamoramiento. Todo el personal del bar y algunos clientes de entre sus numerosos amigos comunes vibraban de emoción esperando a ver cómo concluiría esa especie de serial brasileño. Al cabo de tres años de galanteo, una mañana Agnés recibió una señal esperanzadora. Alguien le mandaba desde el Viber del bar ositos y corazoncitos. Por un instante pensó que sería Plamen, que tenía acceso al teléfono del personal. Eso calentó su corazón y ella creyó que las cosas tomaban de veras un camino favorable. Enseguida llamó al número. Escuchó la señal de llamada sin más. Intentó nuevamente comunicarse; sin embargo, esta vez le colgaron. Al día siguiente, viajando en el metro, Agnés se sorprendió al descubrir que había recibido más declaraciones de amor. El hombre de Viber estaba en línea. De pronto, la foto del perfil del bar fue sustituida por la de Plamen. Sus ojos quedaron desmesuradamente abiertos. Él preguntaba: "¿Y ahora qué, Agnés?" Ella le respondió con el conocido emoticón ruborizado: "Sexo".

A la mañana siguiente, Agnés pasó temprano por su bar preferido, así que decidió indagar con los camareros que estaban de turno:

—Ayer me llegó un mensaje desde su Viber de parte de Plamen. ¿Será posible, o no es más que una gansada?

—Muy posible —fue la respuesta—. Sí, él llega aquí todos los días y hace con el teléfono lo que le da la gana. Ya sabes que nosotros estamos demasiado atareados como para ocuparnos también de eso, solo apuntamos las reservas.

Agnés salió rápidamente del bar y se encaminó a un cine arte, para hacer tiempo y volver al bar por la noche. Había trabajado hasta tarde, terminando en torno a las diez y media, y llegó al local en torno a las once. Allí encontró a Plamen sentado a una mesa en la penumbra. Exclamó:

—¡Hola, cariño! ¡Qué oscuro todo por aquí…!

—Estarás contenta. El ambiente es muy romántico. A pedir de boca, ¿no? La terraza cierra ya, habrá que pasar adentro.

—No hay problema —contestó Agnés. Junto a una mesa desocupada estaba sentado un hombre de más o menos 50 años, muy *sexy,* que la invitó a compartirla. Ella se sentó, le sonrió y empezó a flirtear con él. Justo en ese momento entró Plamen. Al verlos, se le ensombreció la cara. Bastante molesto, volvió a salir, hablando por el móvil. Agnés disfrutaba de la compañía de su admirador. Él era de Israel y le prometió enseñarle Tel Aviv. Muy emocionada, ella le dio un beso en la boca. Él, a su vez, rozó su cadera. El amigo de Plamen, Iván, que estaba sentado al lado opuesto de la barra, observaba con preocupación la escena. Plamen entró e intercambiaron unas palabras con Iván, mirando hacia Agnés, que se divertía. Cerca de una hora más tarde llegó junto a la pareja un mendigo con un osito de peluche; pedía limosna ofreciendo un *show* con muñecos. Agnés sospechó que esto se debía a Plamen. Dándole una moneda de dos levas al muchacho, le preguntó si el osito estaba celoso.

—¿Celoso? Sí.

Agnés se dirigió triunfante hacia la salida, acompañada por el desconcierto general. Todos los clientes sabían que ella era inflexible y hasta ahora nadie se había atrevido a citarse con la muchacha que se había consagrado por entero a Plamen. ¿Será que estaba ya un poco cansada de su papel de tontorrona perseguidora de hombres?

Al día siguiente Agnés llamó a su nuevo ligue y le habló en inglés:

—Yakov, ¿quieres que nos veamos esta noche en el bar?

—Lo siento, querida Agnés, pero me temo que no podemos vernos más. Creo que estás reservada para otro y no puedo objetar. ¡Que seas feliz!

Cuando cortó la comunicación, ante su irritada mirada flotaba un dulce osito *gif file*.

El mendigo

Agnés volvía a su casa. Estaba esperando el metro cuando vislumbró en el andén al mendigo del osito de peluche, aquel a quien había visto en su bar del alma unos días atrás.

—¿Cómo está usted, *madame?* ¿Se acuerda de mí? Me acerqué a su mesa el otro día cuando estaba con el extranjero encantador.

—¡Hola! Te he reconocido enseguida. También pensé hablar contigo y darte las gracias por el *show* que ofreciste con el osito. Muy creativo. ¡Bravo!

—Necesito veinte levas para ir a tomar un baño en el barrio de Obelia. ¿Me los puede prestar?

—Pero ¿por qué estás mendigando, por qué no trabajas?

—Porque soy huérfano y tengo problemas psíquicos. No tengo derecho de trabajar.

—Me gustaría ayudarte realmente. Hay un dicho chino que reza: "Más vale enseñarle a alguien a pescar que darle de comer pescado". Así que te espero mañana a las 8 en esta dirección. —Agnés le tendió una nota en la que aparecía apuntada su propia dirección: "¡Por favor, no tardes!"

—Vale, allí estaré —respondió el muchacho desgarbado y vestido de harapos.

—¿Cómo está el osito? —preguntó Agnés. Se refería a su amado.

—Está durmiendo en la cuneta —contestó el mendigo, que pensaba en su juguete.

—Y tu osito, ¿qué tal?

—No lo he visto. Está muy ocupado, pero supongo que se encuentra bien.

—Yo soy su agente informador. Ya le transmitiré que piensas en él.

—Lo quiero mucho. No te olvides de decírselo.

—De acuerdo. Descuida.

Agnés subió al tren. El mendigo se quedó en el andén agitando la mano en dirección a ella y tirándole besos.

Por la mañana ella se despertó temprano, preparó dos bocadillos y café. A las ocho en punto el mendigo se personó frente al edificio. Agnés lo saludó, le entregó los bocadillos y una taza de café, después de lo cual le mostró los cristales del primer piso que debía lavar. Le facilitó un cubo y un trapo, y lo animó a que empezara el trabajo.

El mendigo comió en un dos por tres y empezó a lavar los cristales con destreza y entusiasmo. Cuando terminó, Agnés sacó un billete de veinte levas y se lo tendió sonriendo. El rostro del muchacho también estaba radiante y él le dijo:

—¡Muchas gracias por haberme dado esta oportunidad!

—¡No hay de qué! Lo tienes muy merecido. Me impresionó tu enfoque y la asociación con mi hombre amado a quien yo llamo el osito. En España, los mendigos dejan en el tren un paquetito de pañuelos con una nota en la que cuentan su historia y piden limosna. Tu enfoque es mucho más aceptable y merece respeto.

—He conocido todo un oficio nuevo con el que podré ganarme la vida. Y ahora, mejor voy a bañarme. ¡Que tengas un buen día! ¡Te deseo lo mejor del mundo!

El mendigo se alejaba por la calle. Se dio la vuelta y vio a Agnés agitando a mano y despidiéndolo con la mirada. Ella decidió alegrar el corazón de su nuevo amigo. Compró farollilos de tela de algodón incombustible con marcos de bambú y prendió fuego a la plaqueta. El farolillo se llenó de aire caliente y ascendió en menos de un minuto. Así, en poco más de una hora Agnés lanzó al aire unos cincuenta farollilos.

Por la noche el mendigo vislumbró en el cielo los farollilos voladores: feérico espectáculo de colores, bello y realmente inolvidable. Los farollilos de papel volaban a una altura de mil metros. Él confiaba en que los globos de luz y color podrían convertir los sueños en realidad, que eran sus pequeñas estrellas en el firmamento.

Por las huellas de la felicidad perdida

Una enorme araña llenaba de luz la sala del Teatro de Ópera y Ballet de Bulgaria. El espectáculo ofrecido era "La bayadère". El público esperaba acallado el inicio del segundo acto. Salió al escenario la distinguida bailarina María Alexandrova, estrella naciente, con un tutú blanco. Interpretaba con virtuosismo su solo, seguida por el foco luminoso, mientras un hombre de pelo entrecano y vestido de esmoquin, llamado Plamen, la observaba con ojos brillantes.

Sobre el fondo blanquinegro de la urbe caminaba con desenvoltura por las calles de Sofía una joven y extravagante dama a quien llamaban Agnés. Tenía el pelo afeitado a ambos lados de la cara, detrás de las orejas. En la cabeza lucía una cresta de colores. Llevaba un vestido de punto con nubecitas celestes, una chaqueta blanca de lino y zapatillas de color beis. Todos detenían la mirada en ella, algunos directamente la paraban y la abordaban. Los había que la insultaban, otros la animaban. Ella iba con paso firme. Se diría que al andar ni rozaba el suelo. En el cruce de unas callejuelas, en una tienda de café y té, se topó con su conocido Plamen (aquel del que se habló en un principio. Se acuerdan, ¿verdad?) La saludó con una inclinación de cabeza, alargando luego la mano hacia ella. Agnés fue la primera en hablar:

—¿Cómo estás? Hace tiempo que no nos vemos.

—Bien. Y a ti, ¿cómo te va?

—Pues sigo adelante profesionalmente, a paso lento, pero seguro.

Él compró chocolate y una infusión. Luego puso camino a algún sitio:

—¡Hasta pronto! Ya te llamo para vernos. Será una alegría —dijo ella entusiasmada.

—¡Gracias! ¡Hasta luego!

Al salir, Agnés lo siguió con la mirada a través del cristal de la tienda. Sacó su espejito de mano y empezó a examinarse, como si quisiera asegurarse de tener un aspecto presentable. Se preguntaba si sería digna de aquel maravilloso hombre; si él era tan perfecto como se lo imaginaba, o solo se lo parecía. Después de pensarlo días enteros, se animó a llamarlo. Él estaba rodando una película. Dejó la cámara, les hizo una seña a sus compañeros y entonces descolgó. Hablaba con ella tierno y exaltado:

—Hoy trabajo hasta las nueve de la noche. Podemos vernos luego en nuestro sitio, en la esquina.

—¡Genial! Allí te esperaré.

—¡Hasta pronto!

—¡Chao!

Al cabo de unas horas ella estaba en el lugar convenido, esperándolo llena de emoción. El tiempo que pasaban juntos en el parque transcurría como sin sentirlo. Ella era guionista; él, productor y director de cine. Hablaban de películas, de sus conocidos comunes en ese ámbito. La sensación que nacía de ese contacto la embriagaba. Plamen estaba siempre vestido a la última y era encantador. Al final de la velada ella lo acompañó hasta el portal de su edificio. Él la beso con ternura en la comisura de los labios. Su barba, apenas crecida, le picaba la cara y eso la excitaba aún más. Agnés lo encontraba tremendamente *sexy.* Él la abrazo paternalmente y así se separaron.

Ella no pudo tranquilizarse en toda la noche; de hecho, ni siquiera pegó ojo. Plamen le recordaba a su pareja Jorge, que vivía en Barcelona. Les separaban 3000 kilómetros de distancia. ¿Acaso las personas se olvidan cuando no se ven? Ella intentaba por todos los medios salvar su relación condenada a languidecer con la ayuda de llamadas telefónicas y videollamadas por Skype. Sin embargo, en Bulgaria encontró un sustituto de su amado, de la misma profesión y hasta con cierto parecido físico. Era casi un doble. De ojos azules, peinado y figura parecidos, y también con unos intereses similares. Ella se sentía arrebatada por el muchacho búlgaro, siempre que lo veía su corazón iniciaba una danza endiablada y ella se sentía al borde del infarto. Cuando lo tenía delante, enredaba sus frases, algo inusual para una mujer que habitualmente hacía malabarismos con las palabras.

Dos semanas más tarde Agnés se encontraba en la misma tienda cuando, de repente, salido quién sabe de dónde, apareció su amado Plamen y se acercó preocupado a la vendedora, pensando en lo que iba a escoger. Pidió una cajetilla de Marlboro Light y pagó. Al salir, la saludó con una leve inclinación de cabeza. Confuso evidentemente por su presencia allí, hasta olvidó el tabaco. Pasó rápido por su lado y salió disparado. La vendedora le hacía señas. Agnés tomó la cajetilla y se lanzó tras él. Llegó hasta el portal de su edificio, pero este se le cerró delante con fuerza. Siguió durante unos segundos plantada en el mismo sitio, preguntándose qué hacer. Apretó el primer timbre que se le presentó a la vista: María Alexandrova. Llamó impulsivamente. Un instante después estaba subiendo las escaleras. En el segundo piso la recibió la distinguida bailarina de la ópera, en camiseta y *skinny pants*. Tenía unos ojos almendrados deslumbrantes en su expresividad.

—A Plamen se le olvidó la compra. ¿Sabe usted dónde vive? —preguntó Agnés.

—¿Cómo es que usted le conoce? —indagó la bailarina sin esconder su curiosidad.

—Como es una personalidad pública, un director… Le conozco de la televisión. Simplemente quería devolverle los cigarrillos.

—Los cigarrillos son para mí. Él es bastante distraído. ¡Gracias! —dijo mientras tomaba la cajetilla la hermosa dama, al parecer, de la edad de Agnés.

—¿No es usted la bailarina María Alexandrova? —preguntó Agnés.

—En persona —respondió ella con voz helada.

Desconcertada, Agnés salió a la calle y le mandó un wasap a Plamen: "Te olvidaste los cigarrillos. Puntas, *relevés, pliés, battements, arabesques*… ¡Ballet clásico! ¡NO ME LLAMES MÁS!"

A la mañana siguiente se divertía con lo tonta que había sido. Le quedaba el maligno consuelo de haber constatado cómo una bailarina convierte al director en un títere suyo, cuando debería ser todo lo contrario.

Estraperlo

La historia del mercado negro es la historia de la supervivencia de la población, pero también de las represiones de la dictadura, del favoritismo y de la resistencia personal; una historia que imprime su sello en toda una generación de españoles hasta el final de su vida.

En una calle céntrica de Málaga, cerca del puerto, había un bar llamado Estraperlo. Un señor mayor, de un rostro color marfil, de 80 años aproximadamente, entro en él y se sentó a una mesa cercana a la puerta. Un guapo mulato con un delantal atado a la cintura, vaqueros ceñidos y pulóver que subrayaban su esbelta figura, con anteojos y una gorra calada, se le acercó y, probablemente confundido por lo que irradiaba toda su persona, le preguntó en un inglés perfecto:

—¿Qué desea, señor?

El anciano, sin llegar a comprender lo que le estaban preguntando, se encogió de hombros y respondió bien claro en español:

—¡Una infusión de manzanilla, por favor!

Marc, así se llamaba el mulato, tomó nota del pedido, mostró en una ancha sonrisa sus dientes perfectos y blancos como la porcelana y, algo confundido, dijo en español:

—Lo había tomado por inglés, señor.

—No pasa nada. Soy español de pura cepa, andaluz y malagueño. Me llamó mucho la atención el nombre de su bar. Yo todavía recuerdo los acontecimientos, relacionados con este término. La palabra "hambre" es la que se repetía más frecuentemente en la posguerra; un hambre terrible que obligaba a miles de personas a ir a parar al mercado negro. El dolor por las pérdidas sufridas, la devastación moral y material, y la violencia eran parte de la historia de posguerra, pero si había una memoria permanente, traumática y generalizada en la población, era la del hambre, los escasos alimentos, el pan negro y pastoso, amasado con harina de centeno. Luego estaba la repartición por cartilla. Las colas interminables para recibir un pedazo de pan, un poco de azúcar, arroz, aceite, y los cupones que arrancaban de la cartilla. Tuvimos que comer mondas de naranja, de patata, vainas de haba cocidas… La miseria provocaba dolores de tripa, desvanecimientos, enfermedades y muertes.

Marc respondió cómplice:

—¡Muchas gracias! El nombre lo escogimos con mi socio, porque le habíamos oído contar también a otra gente de la zona historias similares. Tengo mucha curiosidad por saber más acerca de esto.

El anciano continuó desgranando recuerdos para su curioso interlocutor:

—Después de la Guerra Civil, la comida era escasa y para alimentar a la población, al igual que en el resto de Europa, el Estado intervino en el mercado. Pero a diferencia de lo acaecido en Europa, el gobierno dictatorial en España se convirtió en un arma para la cohesión entre los vencedores en la guerra y en un arma de represión contra los vencidos.

Marc lo interrumpió diciendo:

—¿Por qué creció el mercado negro?
—Por la falta de comida. El hambre estaba más generalizada en las grandes ciudades, donde la comida era escasa. Alimentos de los pueblos vecinos eran suministrados a la ciudad todos los días. Había grandes comerciantes estraperlistas que hicieron mucho dinero en la posguerra. En general eran personas adictas a la dictadura; sus contactos con los funcionarios corruptos les permitían mantener su negocio sin ningún problema.

Marc añadió algo que le había oído decir a otros:

—Miles de pequeños comerciantes, muchos de ellos marcados por el estigma de los perdedores en la guerra y cuyo único objetivo era sobrevivir, fueron perseguidos por las autoridades. Llegaban a pie, en burro o en tranvía, trayendo a la ciudad pequeñas cantidades de pan, huevos o patatas, para venderlos en secreto. Pero día tras día la Guardia Civil les quitaba los productos; luego venían las multas y en algunos casos, incluso, la cárcel.
—Lamentablemente esta es la pura verdad —exclamó el señor mayor, suspirando—. Todavía recuerdo aquellos tiempos.

En ese mercado reducido las mujeres tenían un papel primordial. Cosían debajo de sus ropas unos bolsillos especiales para esconder los alimentos y de esta manera pasar el control aduanero en las estaciones de tren y a las puertas de las ciudades.

El señor mayor apuró su tisana, pagó la cuenta y se dirigió a la salida. La conversación lo había hecho volver años atrás y le había recordado los tiempos revueltos después de la guerra. Frente al local se encontró con su hija, que también fue testigo de aquellos acontecimientos, y los recordaba. Llevaba de la mano a su nieto. Ambos lo abrazaron y se alejaron charlando animadamente.

Marc, que había salido a la puerta del bar, los observaba enternecido. En ese mismo momento pasó un turista y sacó una foto del letrero que había en la fachada del establecimiento (Estraperlo), preguntándole sorprendido a Marc:

—¿Qué significa ese nombre?

Entonces, Marc le contestó:

—Si quieres saberlo, tendrás que permanecer por más tiempo aquí. Seguro que encuentras a alguien que te lo cuente de primera mano.

CAFÉ DE ESTRAPERLO

Estrella

Marcela, una indómita chica francesa que acababa de graduarse en la Sorbona en Historia del Arte, decidió descansar, salirse un poco de las rutas conocidas y zambullirse en el océano de la vida viajando por tierras extrañas. Escogió la soleada España y, más concretamente, Granada. Después de un largo recorrido por museos, galerías, cafés y restaurantes se encontró finalmente en el puerto, donde observó un sitio cómodo para descansar: unos bancos de piedra que parecían camas. Se sintió tentada de tomar asiento y al cabo de unos minutos se recostó, no sin haber extendido antes su jersey en el banco y colocado debajo de su cabeza la mochilita que llevaba. Al instante se le acercó un señor mayor, de unos 65 años y un pelo entrecano que asomaba debajo de su gorra de béisbol. Estaba fuertemente atraído por los largos muslos bien moldeados, resaltados por el apretado pantalón de cuero negro que la muchacha llevaba. Ella llevaba una camiseta de tirantes y sus generosos pechos asomaban por el escote. Él estaba comiendo un cucurucho de helado y al chuparlo, lo dejó caer involuntariamente en el pecho de ella.

Marcela pegó un brinco y se puso a gritar en español:

—¡Joder, qué chapucero es usted!

Sacó pañuelos húmedos de su mochila y empezó a limpiarse. Luego tiró el cucurucho con el resto del helado.

—¡Sorry! —dijo el señor en inglés—. Mi nombre es John.

—Estupendo motivo para presentarse. ¡Ya lo creo! —contestó Marcela en la misma lengua. Acto seguido, esta le dio la espalda, se puso el jersey y se echó la mochila al hombro, alejándose a buen paso por la alameda.

John corrió tras ella hasta alcanzarla. Se disculpó varias veces y para hacerse perdonar la invitó a dar un paseo por el mar. A Marcela la propuesta le pareció muy tentadora y la aceptó. Los dos vivieron momentos de beatífico serenamiento contemplando la inmensidad del mar. John le propuso a Marcela dar otro pequeño paseo hasta el *lobby* bar de su hotel, para tomar una copa de Rioja. No era como para perdérselo y la joven accedió gustosa.

Pasaron juntos una hora en el bar y Marcela expresó su deseo de pintar el retrato de su nuevo amigo. John le sugirió que subieran a su habitación en el tercer piso del hotel Venecia. Durante esas horas que pasaron juntos habían llegado a conocerse y a entablar amistad. Él había captado el sueño de la muchacha de alcanzar la fama como pintora, pero debido a su inseguridad, provocada probablemente por el divorcio de sus padres, ella había sofocado sus deseos más entrañables, entregándose a más tediosos estudios científicos.

El rostro de John parecía de cera, como si estuviera petrificado. Físicamente se mantenía muy bien. Marcela propuso que cambiaran la luz tenue por otra más fuerte. Él se lo agradeció y se dio la vuelta durante unos segundos. Cuando volvió a mirar hacia su lado, le pidió que cerrara los ojos para abrirlos dentro de un minuto. Ella se sorprendió, pero acabó accediendo. Eran las 23:56, hora local, en Granada, España.

Cuando volvió a abrir los ojos, John estaba justamente quitándose la máscara de la cara. Por debajo asomaba el rostro del actor Anthony Hopkins. John le dijo solemnemente:

—¿Estás lista para retratarme?

Marcela dejó caer el lápiz y el cartón que tenía preparados; se abalanzó hacia la puerta, agarrando instintivamente su mochila, y corrió escaleras abajo.

Al llegar a la recepción, oyó al recepcionista hablar con alguien en inglés. Ese alguien era John. Entonces, Marcela le preguntó al recepcionista:

—¿Sabe usted cómo se llama el señor de la habitación 109?

Este, un hombre joven y al parecer bastante cansado, respondió:

—No tenemos derecho a proporcionar este tipo de información.

Marcela se quitó el jersey y empezó a pintarse los labios. Sus formas eran bastante apetitosas. Mientras, le lanzaba miradas al recepcionista. Atraído por su *sex-appeal,* este habló:

—Bueno, ya. Se llama *sir* Philip Anthony Hopkins. Puede que sea una coincidencia de nombres. No creo que un actor tan famoso se hospede en nuestro hotel. Además, sus documentos venían tan tachados que difícilmente se podían leer los datos. No puedo decirle nada más de lo que ya usted sabe.

Marcela dejó su tarjeta de visita en la recepción y le pidió al joven que se la entregara a *sir* John Antony Hopkins. Nuevamente en París, Marcela recibió por correo la siguiente información:

"Querida mía:

Quería hacer realidad tu sueño y hacerte feliz. He comprado un salón de exposiciones que cuenta con un equipamiento de alta calidad, caballetes y todo lo necesario para la presentación de pintores jóvenes y desconocidos. Serás gerente y comisaria de esta galería. Te deseo que trabajes en ella con mucho cariño y la conviertas en una incubadora de jóvenes talentos. Solamente tengo una condición: la primera obra que expongas deberá ser tuya, un retrato del actor Anthony Hopkins."

Híbrido

Como cada sábado, Beni fue a la discoteca. El barman le sirvió una bebida, añadiendo a escondidas una pastilla triturada. Le tendió la copa a la joven de 17 años, vestida con indumentaria rave. Ella bailaba locamente en el centro de la pista. Luego fue hasta su mesa y bebió un sorbo. De pronto, le entró vértigo y perdió el conocimiento. La gente de seguridad la sacó del local. Un hombre de traje negro le colocó con mucha atención un microchip en el entrecejo.

Beni estaba en su habitación, instalada en una silla giratoria, y escribía en el ordenador, pensativa y con el rostro iluminado. En la pantalla aparecía el título del poema terminado: "Una historia verdadera. El milagro". Después de escribir la dirección electrónica del destinatario, pulsó el botón "Enviar". Beni entró en la redacción. El redactor, un señor mayor y calvo, le alcanzó un número de la revista. Ella lo tomó, lo abrió y constató sorprendida que al pie de su poema, escrito en cirílico, se pavoneaban tres iniciales del alfabeto latino: J. C. L. Le preguntó al redactor, mostrándole este curioso hecho. Él se encogió sugerentemente de hombros. Beni se sentía extraña entre la muchedumbre. Mirando a la gente a los ojos, lograba refractar sus pensamientos y sentimientos: pasando por su persona era como si se reflejaran en un espejo curvo. Su paranoia iba creciendo; le parecía que la seguían cámaras, veía complots y amenazas por todas partes. Estaba agotada a más no poder. Pasó a la acera de enfrente y el semáforo se puso en verde.

Beni, de 35 años, vestida de gala, presentaba su novela recién publicada, *Un ángel digital,* en una gran librería de Ámsterdam. Un actor leía fragmentos de la obra, acompañado por un músico al piano. Al público se le notaba intrigado. Beni caminaba nerviosa a paso ligero y se sentía permanentemente observada. La recorrieron escalofríos. Se dio la vuelta y miró con recelo al hombre que venía detrás de ella.

En un moderno edificio industrial los trabajadores de la estación de monitoreo estaban frente a sus ordenadores, observando. Los satélites GPS parpadeaban incesantemente en rojo, indicando la ubicación de las personas con microchip implantado. Entre ellas estaba también Beni.

Obviamente confusa, incapaz de concentrarse, fue a una clínica psiquiátrica para someterse al método de la hipnosis regresiva. Un hombre barbudo de al parecer unos sesenta años sacó un reloj de bolsillo de plata, con tapas grabadas y fina cadena, y lo dejó colgar ante el rostro de Beni, recostada en el sofá. La hipnotizó. Como en una retrospectiva, aparecieron en su memoria recuerdos de su pasado relacionados con el cine. Todo el tiempo le parecía que su director de cine más amado estaba a punto de entrar en la habitación.

Beni tomó un recipiente con una saturada solución de sal y la enfrió. En un punto del recipiente apareció un cristalito de sal. Luego calentó el recipiente y el cristalito se disolvió. Al enfriarlo nuevamente, volvió a formarse un cristalito, pero en otro sitio. Filmó todo el proceso. Después vio la película a mayor velocidad. Se dio cuenta de que el cristalito se movía de aquí para allá por el recipiente, trazando increíbles figuras de personas y objetos de su propia vida. Fue un instante de sagacidad.

En el escaparate de la librería de Ámsterdam, *El ángel digital* estaba entre *La enfermedad como metáfora* de Susan Zontag y *El mundo de ayer* de Stefan Zweig.

Beni fue a ver cómo andaba el rodaje de la película basada en la novela del mismo título. Justo en ese momento, el director, su director más amado, daba las últimas indicaciones a su equipo acerca del rodaje de una escena más. Claqueta. Toma 254. Él le guiñó un ojo. «¡Qué sueño tan extraño para una mayoría de edad!», pensó a la mañana siguiente, restregándose los ojos, la muchacha que la noche anterior había cumplido 18 años.

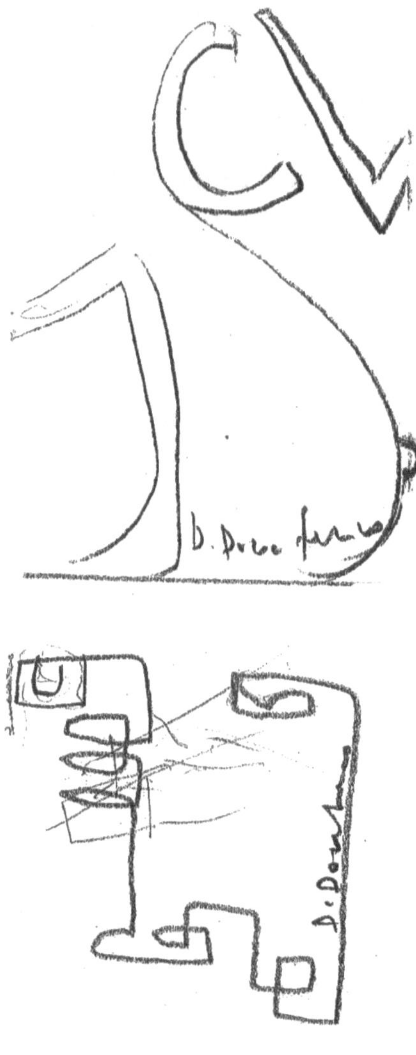

Huelga

El voyeurismo es una parte escondida, pero ineludible de nuestra naturaleza, ya que no podemos hacer esto de forma abierta y cuando queramos. Todo esto compensa la necesidad que sentimos de ser significativos y de llevar una vida plena, saturada de emociones y vivencias interesantes. Observar la vida de los demás es siempre una ocupación interesante que compensa el sentimiento de inferioridad.

1980, Sofía, Bulgaria.

La ambiciosa periodista Silvia Kostova decidió probar suerte en Bruselas. Primero viajó allí por cuenta propia. Trabajó como voluntaria de la Cruz Roja. Luego la nombraron en un puesto fijo y remunerado en una ONG relacionada con la defensa de los derechos humanos. Un agente de Seguridad del Estado se encargó de vigilar el apartamento de Silvia y fotografiar lo observado. Ella vivía en un barrio habitado por gente de clase media. El agente se enamoró perdidamente de ella, una mujer joven y extraordinariamente hermosa, sobre todo por la noche, cuando sin correr las cortinas, se quitaba lentamente la ropa hasta quedar desnuda. Poco tiempo después, el agente dejó de concentrarse en sus obligaciones y, en vez de cumplir con su trabajo, empezó a hacer todo lo posible para proteger a la periodista a la que espiaba. Él observaba la habitación de Silvia y cuando ella salía, llegaba a hurtadillas para sacar de su casa los equipos de espionaje. Alcanzó a llevarse los equipos que había instalado en su teléfono. Conteniendo la respiración, el agente seguía todo lo que acontecía en el apartamento de la periodista. Inesperadamente descubrió que la mujer que se veía obligado a espiar era una persona noble, compasiva y extraordinariamente perspicaz, que en su momento ayudó al hermano del agente a evitar la cárcel al arrojar luz sobre el pleito en el que este estaba acusado de manera injusta. Esto reforzó aún más sus sentimientos hacia ella.

Mientras tanto, Silvia sospechó que era seguida por un observador misterioso que obviamente sabía demasiado acerca de ella. Poco a poco empezó a perder el control sobre su vida y estuvo al borde de una crisis nerviosa. Finalmente decidió abandonar su vivienda en Bruselas y regresar a Bulgaria. En la ventana de su habitación dejó una inscripción: "Te gusta mirar, ¿verdad?".

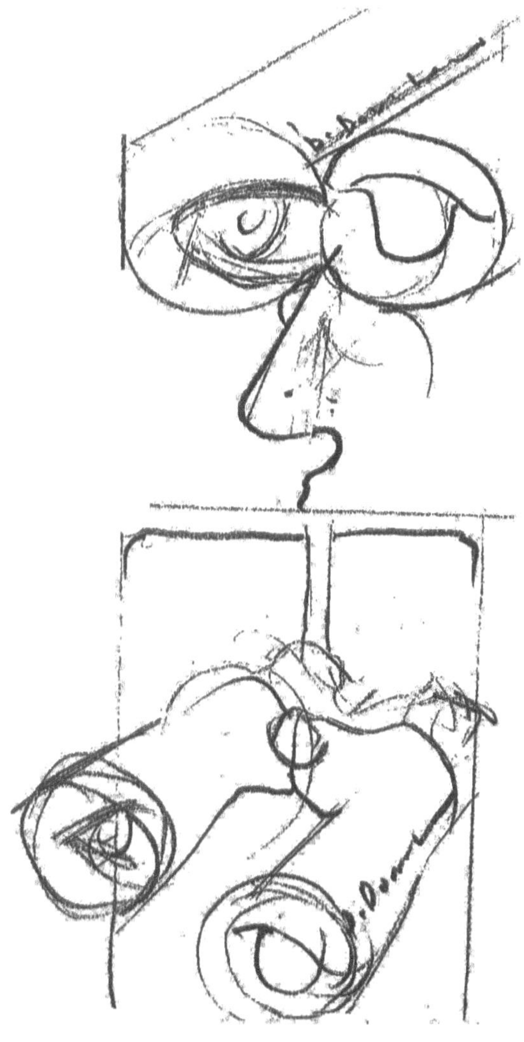

Infestación

Joel, barcelonés genuino, había acondicionado su casa como hostal y alquilaba habitaciones a los visitantes de la Nueva York europea. Este apartamento tenía cinco cuartos en total y, si añadimos el suyo, sumaban seis. Era limpio, ordenado y bien mantenido. Abrió su perfil en el sistema de reservaciones de Air B&B, donde había puesto el siguiente anuncio:

"Alquilo habitación con muebles nuevos, derecho a cocina y baño. Lugar cercano a plaza de Cataluña. Buena comunicación. Precio: 30 euros la noche. Para estancias más largas: 400 euros al mes con gastos generales incluidos".

Le había llegado una reserva de una chica búlgara, llamada Svetla Damianova:

"¡Buenos días! Busco vivienda en Barcelona. Estudiaré en la Universidad Autónoma. No fumo y no hago fiestas. Me gusta la tranquilidad y no molesto a los demás. Antes de llegar, llamaré al número que ha indicado, para instalarme a una hora conveniente para usted". 1 de octubre de 2017, 22:20 h.

Svetla llegó a la casa de Joel. El anfitrión la esperaba frente al portal del edificio. Subieron y Joel le entregó las llaves. La acomodó en una pequeña habitación con un escritorio, una silla, una lámpara de noche y un armario. Había también una ventana grande que daba a la plaza de Cataluña. Agotadísima, Svetla se acostó enseguida. Se despertó en plena noche por picaduras en las piernas. Vio un pequeño insecto, de cuerpo marrón, chato, con seis patas, ojitos pequeños y una especie de antenas sensoriales en la cabeza que se escabullía por una rendija en el armario. Estaba estupefacta. Tenía la pierna hinchada y rojiza. Abrió Internet y se puso a buscar un bichito con esas características. Descubrió que se trataba de una chinche de las camas que se alimenta con sangre humana. Entonces, se dirigió de inmediato a su anfitrión, llamando nerviosamente a su puerta. Él refunfuñaba calzándose las zapatillas y, molesto, invitó a la chica a entrar. Se sentó en pijama en el borde de la cama, con la lamparita de noche encendida. Al mostrarle sus piernas, Svetla le dijo:

—Mañana mismo me voy. Su casa tiene chinches. Le pido que me devuelva el dinero ahora mismo. Tengo que buscar otro alojamiento.

Muy sorprendido, y con cara avinagrada, Joel se dirigió al cuarto de la muchacha. Svetla le mostró la rendija donde había desaparecido la chinche. Él le dijo:

—Lo siento mucho, de veras. Lo que me faltaba… —Se agarró la cabeza con las dos manos—. Te voy a devolver el dinero.

Joel hizo café e invitó a Svetla a la sala de estar, pero ella rechazó el convite. Se fue a su habitación y se puso a hacer la maleta. Por la mañana, muy temprano, se marchó, pero tuvo la suerte de encontrar alojamiento en esa misma escalera. Dos pisos más abajo había otro hostal.

Sumamente preocupado, Joel comenzó la lucha contra los insectos que duró cerca de dos meses. Pulverizaba toda clase de insecticidas. Llamó a todo un equipo de especialistas, pero este tampoco supo solucionar el problema. Finalmente tiró todos los muebles del cuarto de Svetla, en los que las chinches se habían instalado.

Una noche no pudo pegar ojo por la preocupación: sintió picaduras en las piernas y descubrió chinches en su propio cuarto. Estaba literalmente aterrorizado y volvió a llamar a un equipo de control de plagas para solucionar el problema, esta vez en su habitación. Retiró toda la ropa de cama y los bultos que había debajo. Salió para dar una vuelta durante varias horas para no estar allí después del tratamiento con insecticidas. Entonces sonó su móvil. Los trabajadores de la empresa le dijeron:

—La lucha contra las chinches es probablemente la más difícil en comparación con todos los demás insectos rampantes. Sus refugios se encuentran con mayor dificultad. Además, las chinches pueden permaneces escondidas dentro durante mucho tiempo, sin salir de ellos. Y como no salen, no tienen cómo entrar en contacto con el producto y resultar muertas.

—¡Me lo dice a mí! Llevo tres meses luchando por limpiar mi casa; sin embargo, no tengo ni donde dormir. He pagado más de 2000 euros, sin resultado. He perdido mi negocio.

—Menos mal que se ha dirigido a profesionales. Pronto solucionaremos esto. Tenga usted paciencia. Las chinches suelen estar en el colchón o bastante cerca de él. Para tener éxito hay que encontrar sus refugios. Una solución estable necesita habitualmente tres tratamientos, a veces incluso más.

Joel regresó a su casa. Tomó un colchón y salió al patio del edificio. Se sentía bastante decaído, así que se durmió de inmediato al aire libre y empezó a soñar: soñaba que de su cabeza brotaban chinches y hormigueaban por toda Barcelona.

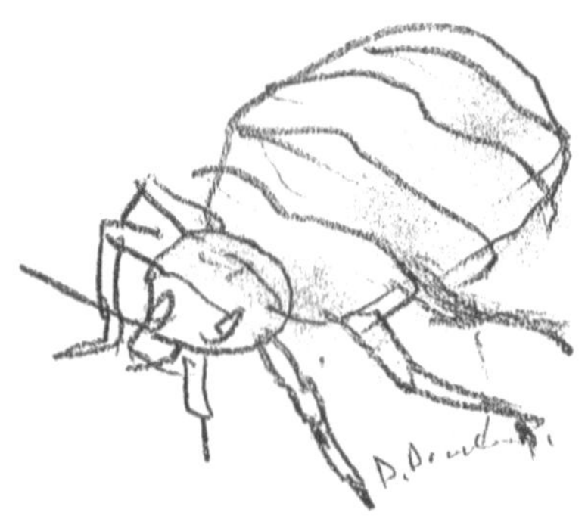

Karma

Catherine fue al taller de prendas de cuero de dos diseñadores. Había encargado una cazadora roquera con chapas de metal, algo muy chic en el instituto en estos momentos. Virginie, la diseñadora, le instó a que se probara la chupa. Catherine llevaba una blusa azul y unos vaqueros que moldeaban su cuerpo. Se puso la cazadora y dio unas vueltas frente al espejo. Luego exclamó:

—¡Bravo, Virginie! Magnífico trabajo.
—¡Gracias! Ahora solo te falta la moto.
—¿Cuánto te debo? —preguntó Catherine.
—Cien euros.

Catherine le tendió el dinero. Al fondo, en el sofá, había sentado un hombre joven de pelo revuelto, apelmazado, y ropa harapienta. Catherine le preguntó a Virginie quién era ese hombre con pinta de vagabundo. Esta le respondió que era un amigo suyo, al que llamaban justamente Vagabundo. El hombre erraba en el espacio con una mirada vacía: le gustaba probar setas alucinógenas. Hacía una hora se encontraba en su habitáculo, el Jardin des Tuileries. Al poco rato se dirigió a Catherine, pidiéndole ver la chupa. Ella se la alcanzó; este la agarró y se lanzó en dirección a la terraza. Se la puso rápidamente y se subió a la baranda. Virginie, asustada, llamó desde el cuarto contiguo a su socio Stefan, para que viniera a salvar a Vagabundo. Stefan salió disparado hacia la terraza y agarró por la cintura al pintor, justo antes de que este perdiera el equilibrio. Con un movimiento rápido lo bajó de la baranda, mirándolo con reproche y desaprobación; sin embargo, este no se daba cuenta de lo que había hecho. Se quedó pasmado durante medio minuto. Luego echó a correr hacia afuera, pasó junto al Louvre y siguió de largo hacia las Tuileries.

Catherine no sabía qué hacer, así que le preguntó a Virginie:

—¿Sabes dónde puede haber ido? Por lo menos que recupere mi cazadora.

—Estará en el parque, donde las fuentes.

—Voy a buscarlo.

A los diez minutos ya caminaba hacia las fuentes. Iba por un sendero tranquilo entre los árboles, cuando se le acercaron dos hombres, que le hablaron sonriendo y muy amablemente:

—¿Tendría la bondad de entregarnos su bolso?

Catherine los miró atónita, pero antes de que reaccionara, le arrancaron el bolso del hombro, haciéndole un rasguño en el cuello. Estaba estupefacta por las circunstancias acumuladas. En lugar de recuperar su prenda, le cayó encima otro disgusto. En el bolso llevaba su documento de identidad, las llaves de la casa, una billetera con varias tarjetas (de crédito, de débito, para el transporte), además de algo de dinero. Se asustó al pensar que los ladrones podrían ir hasta su casa y saquearla, así que se lanzó a correr por la calle rumbo a su domicilio. Al cabo de unos veinte minutos la muchacha ya estaba en su casa. Su padre la recibió en la puerta y al verle el rasguño en el cuello, le preguntó qué le había ocurrido. Catherine se lo contó en pocas palabras. Él se puso enseguida a cambiar la cerradura, refunfuñando y diciéndole con brusquedad:

—¡A ver si te fijas con qué clase de gente tratas!

—Si no conocía al que se llevó mi chupa. Y él no estaba en sus cabales. Una pena por el bolso con los documentos… Ahora va a ser un lío volver a sacarlos.

—Vete a la comisaría a denunciar que te han robado el DNI.

—Ahora mismo voy.

Catherine estudiaba el último año en la Escuela Media de Bellas Artes cuando tuvo lugar aquel episodio con Vagabundo. Diez años más tarde se lo encontró en una cafetería de los Champs-Élysées. Al reconocerlo, clavó la mirada en él. Este, a su vez, la miró y recordó lo ocurrido con la cazadora. Al parecer, se sintió confundido, pero se afanaba y finalmente invitó a Catherine a sentarse a su mesa. Al hacerlo, ella dijo:

—Llevo prisa. Tengo un trabajo urgente. Me quedaré sólo un momento.

Catherine estaba confusa, pero la verdadera razón residía en el hecho de que ella no tenía dinero: su amiga de antaño, Virginie, la había embaucado en un negocio, así que de momento no podría permitirse prácticamente nada en un lugar tan caro en el propio corazón de París.

—¡No te preocupes! Ya lo creo que invito yo, tengo una deuda pendiente contigo. Por cierto, soy un pintor de renombre en Alemania y vendo muchos cuadros.

Metió la mano en su bolsillo, sacó un billete de 200 euros y la dijo a Catherine, guiñando un ojo:

—Con intereses incluidos.

Perpleja, ella se lo agradeció, tomó el dinero y pidió un café *complet*. Los dos brindaron por los buenos tiempos y las felices coincidencias.

La extravagante

Una coreógrafa llamada Valentina llegó de Suiza a Sevilla para formar un dúo de danza con técnicas modernas con un joven de Canadá, de nombre Jim. Ambos se habían conocido durante un crucero en un *ferry* de Transmediterránea. Se habían caído bien. Resultaba que tenían aspiraciones e ideales comunes, así que decidieron trabajar conjuntamente en coreografía. A ellos se les sumó Josías, de Brasilia, un percusionista que, además, componía música experimental para sus espectáculos.

Durante el día Valentina trabajaba como voluntaria en un hogar de ancianos, entreteniendo a los huéspedes con sus danzas. Por la noche ensayaba en una academia de artes, donde le habían cedido una sala gratuitamente. Ella contaba con una actitud benévola de parte de la élite cultural local. Ellos tres, con Jim y Josías, eran inseparables. Compartían no solo sus días, sino también sus noches. Los dos hombres no podían hartarse del maravilloso cuerpo escultural de su sirena.

Un día ella se sintió indispuesta. Tenía arcadas. Era un síntoma seguro de embarazo. Valentina decidió someterse a un test y este dio positivo. Las lágrimas corrieron por su cara a raudales. Ella y sus compañeros eran artistas independientes que vivían al día. No podían siquiera cuidar de sí mismos, así que no digamos de un niño. Valentina miraba engarrotada a los dos hombres jóvenes que entraban en ese momento en la habitación donde ella se encontraba. Las lágrimas mojaban su rostro. Josías le preguntó:

—¿Qué ocurre, cariño?

Valentina le respondió:

—Estoy embarazada, pero no sé de quién. Habrá que hacer análisis.

Al oír la noticia, Jim se acercó a los dos y les dijo:

—No importa quién sea el padre. Con lo que ganamos podemos mantener a alguien más. No es imposible.

Valentina sonrió obviamente tranquilizada por estas palabras. En los nueve meses siguientes los dos papás estuvieron atendiendo muy bien a la futura mamá: le cocinaban, la relevaban en los quehaceres domésticos, compraron una cuna para su bebé…

Un año más tarde, la amiga de Valentina, conduciendo su coche por la calle central, la vio empujar un cochecito de bebé, deslizándose con patines de ruedas. Estaba flanqueada por dos hombres que se desplazaban con patinetes eléctricos. Este hecho no la desconcertó lo más mínimo.

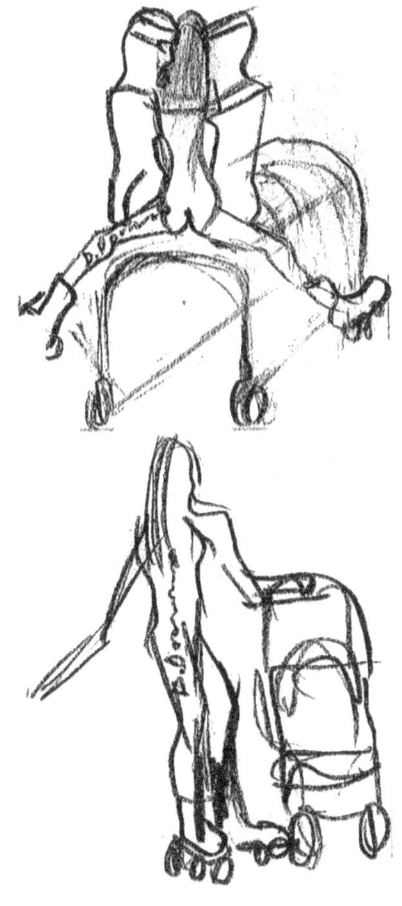

Las pintoras dormidas

Yulia estudiaba pintura en la Escuela Superior de Bellas Artes de Milán. Era una muchacha de melena corta y despeinada, con mucho carácter e independiente. Vivía con su madre María, que parecía una sombra después de la muerte de su padre. Este enfermó de leucemia y se apagó en tres meses. Yulia también se encerró en sí misma; dejó de salir con sus amigos, de visitar exposiciones; perdió a su musa, pintaba como una autómata, mecánicamente. Su madre se preocupaba mucho por ella y no sabía qué inventar para animarla. Había tareas en la universidad en las que había acumulado un retraso de meses. Debía salir de esa enajenación en la que se encontraba.

Por la noche Yulia se encerraba en su habitación con baldaquín, enrollaba un cigarrillo o fumaba marihuana con una botella de vino en la mano. Stela, su pareja, venía a veces a visitarla. La colmaba de caricias y Yulia se dormía en sus brazos.

Una mañana sonó el teléfono. Era el encargado de un establecimiento de culto en el centro de Milán, el club Velvet. Antes de la muerte de su padre, prácticamente no salía de allí. Tenía tarjeta de miembro y bailaba hasta más no poder en la pista, vestida con ropa brillante, hecha por la diseñadora Agnés. Yulia contestó.

—Yulia, necesito a alguien que pinte en un panel las efigies de quienes nos encargan publicidad. Un asunto muy urgente. ¿Podrás tener esto en un par de días?

En un primer momento Yulia se azoró, pero al contestar había recobrado su sangre fría:

—¡Cómo no, Alex! ¿Acaso lo dudas? ¿Qué dimensiones tiene el panel que hay que pintar?

—Cuatro por seis metros.

—O.K. Hoy pasaré por tu oficina para recoger el logo.

—Te esperaré. Estaré aquí hasta las siete. Te puedo avanzar para los materiales que necesitarás; al terminar, te entregaré el resto de la suma: los propios honorarios.

—Perfecto. Empiezo enseguida.

Yulia saltó de la cama, se puso rápido una falda corta, negligentemente fruncida, y se enfundó una blusita de flores que marcaba su figura esbelta. Stela, compañera suya en la Escuela de Bellas Artes, había oído la conversación y le propuso ayudarla. Les venía de lo mejor a las dos, ya que, como siempre, ambas estaban necesitadas de dinero. Se encaminaron hacia el bar. Yulia recogió el logo, saludó a Alex y se dirigieron con Stela a los talleres de la escuela. El guardián era amigo suyo. La explicaron la situación y le pidieron que las dejara pasar allí la noche pintando. Le dieron una botella de *whisky* y entraron. Afuera hacía bastante frío, así que conectaron los calentadores y empezaron a enmarcar el panel al carbón. Tenían que pintar una paloma en pleno vuelo, llevando una carta en el pico. El encargo lo había hecho una agencia de información que celebraba su veinte aniversario. Al cabo de horas de intenso trabajo, ya de madrugada, las dos estudiantes se quedaron dormidas en los bancos. A las ocho su profesor Giovanni Matoso llegó al taller y se quedó estupefacto al encontrar a las chicas dormidas con la luz encendida. Las chicas habían cubierto su obra con una tela. El profesor tiró de ella y vio algo asombroso. Cuando abrieron los ojos, las muchachas perdieron el habla al ver a su profesor. Este les sonrió y dijo:

—Por favor, a terminar esta obra maestra. Contará como trabajo de curso.

Yulia empezó a aplaudir y respondió:

—¡Eso está hecho!

Su mirada brillaba con la luz de los ojos garzos de su padre, que tan temprano había dejado este mundo.

Los músicos callejeros

Mijaela viajó tres días en autobús hasta Málaga. Llegó el viernes por la noche. Tenía las posaderas que ni las sentía, estaba toda entumecida. Se moría por tomar una ducha y moverse un poco. La hinchazón de sus piernas era impresionante. Su amigo Fran, en cuya casa iba a hospedarse, vino a recibirla. Recogió todo su equipaje y lo metió en el auto. Subieron y arrancaron. Pronto llegaron a su dirección. La entrada del edificio se encontraba sembrada de basura. Mijaela estaba rendida y preocupada por su estancia en la ciudad. Entraron. En el piso había un mulato flaco de nombre Fernando, de Cuba; un argentino de baja estatura, llamado Agustín; tres mujeres del Brasil (una se llamaba Brenda, alta y rubia de pelo rizado, y otra, más bajita, de nombre Ana, que andaba siempre en compañía de Nerea, su pareja); otro brasileño, Joseus, un hombre espigado y flaco, de unos 40 años que aparentaba bastante menos, y el rapero Big Papo Reto, también del Brasil.

Todos ellos eran músicos callejeros. Habitaban viviendas que regentaba Fran, también integrante de este grupo musical. Al ver a la búlgara recién llegada, todos le dieron la bienvenida con besos en las dos mejillas como es costumbre en España. Le ofrecieron una bebida para relajarse. Todos bebían en tarritos de cristal. Mijaela la rechazó amablemente. Fran le indicó su habitación, en la terraza de un desván de dos niveles. Abrió una puerta corredera de cristal y la invitó a entrar: una cama, una mesilla, un ropero y un ventilador. Era la primera vez que

Mijaela se hallaba en un lugar tan extraño. El calor era francamente insoportable: 42 grados. Se colocó junto al ventilador para refrescarse un poco. Fran empezó a hacerle un masaje. Sus manos se deslizaron pronto hacia las ingles; luego rozaron el vientre y se encaminaron a sus pechos. Mijaela le pidió que cesara. Después le entregó el dinero del alquiler, solicitándole un recibo y las llaves de la casa.

Toda su estancia fue un continuo estrés. Cada noche la banda se reunía en la terraza, donde había una barbacoa. Ella cerraba bien la puerta, se ponía los auriculares y se pegaba al ventilador, como un náufrago al salvavidas. Entonces oyó a alguien gritar fuera:

—Mijaela, ¿no te vas a sumar al grupo?

Pensó cómo sustraerse. Ella no comía carne; además, tampoco le gustaba el modo de vida de los músicos. Le caían simpáticos con la libre expresión de sus sentimientos, pero también le eran ajenos, como un territorio desconocido.

—¡Gracias, pero tengo faena! Estoy escribiendo un cuento que debo entregar mañana. ¡Que lo paséis bien!

No pudo pegar ojo en toda la noche. Oía la algarabía alegre de la pandilla. Brenda se desternillaba con su vocecita chillona y eso la enloquecía. Fumaban marihuana. En vez de calmarse, se excitaban aún más. Mijaela se levantó de la cama deshecha. Había dormido dos horas. El resto del tiempo había ido repasando con un rosario sus preocupaciones hasta que de repente la casa se calló. Después del fiestón todos durmieron hasta tarde. Se lavó la cara, se peinó y se fue a la cocina a prepararse un café y desayunar. Luego cogió un número de la revista *Mercurio* y se puso a leer.

Hacia el mediodía volvió a haber movimiento en la casa. Uno tras otro, todos se fueron levantando. Joseus les pidió a Brenda, Ana y Agustín que hicieran un ensayo antes de salir a la calle. Sus instrumentos estaban en la cocina, apoyados en la pared. Empezaron a tocar y a cantar. Mijaela se sentía contenta, ya que por fin no estaba sola, pero a la vez lo que necesitaba era descansar. Ya no tenía 20 años y quería una vida más cómoda y sin desvelos. Después de ensayar durante una hora y picar espaguetis todos juntos, los músicos salieron a tocar por las calles de Málaga. Habían elegido varios sitios que iban alternando. Al salir después de comer y encaminarse a la plaza de la Merced, Mijaela se encontró allí con sus compañeros de piso. La gente había rodeado a los músicos, los clientes de las cafeterías de alrededor también escuchaban embelesados. Después de cada pieza, Nerea, que acompañaba a los músicos sin participar, iba recogiendo en un pandero de madera el dinero del público. Mijaela se acercó a Ana y se puso a bailar con ella; se sintió muy excitada cuando sus muslos y sus pechos de rozaron. Nerea miraba bastante molesta cómo entre las dos chicas saltaban chispas, hasta que finalmente gritó:

—Mijaela, por favor, ¡deja en paz a mi novia! ¿No tienes nada más que hacer? Si no tienes, ¡lárgate a Bulgaria!

Al escuchar esto, Mijaela miró azorada a Nerea y se alejó inmediatamente de Ana. Se dirigió a la calle Mayor. Al regresar por la noche, vio a Joseus contar el dinero recolectado que luego repartía por igual entre los músicos. Fumaban marihuana y charlaban. El rapero Big Papo Reto pronunciaba aproximadamente unas 1000 palabras por minuto, igual que una metralleta.

Mijaela estaba pintando el retrato de un famoso de Málaga: Antonio Banderas. Tenía una cita con su amigo Jorge en el restaurante El Pimpi. Pasó por delante del edificio junto al restaurante y se topó con Antonio Banderas en persona. Le dijo que tenía algo muy especial para él y le tendió su tarjeta de visita. Al día siguiente llevó el retrato a la oficina de la estrella. Aprovechando la oportunidad, hablaron acerca de su novela, para que se filmara con él como intérprete principal. Mijaela salió a la calle con el rostro radiante cuando vio a sus amigos tocar. Ellos le gritaron:

—Antonio Banderas pasó por aquí hace un momento. ¿Sabes algo al respecto?

Manteros

Margi, curiosa como siempre, puso el canal NG y con sorpresa vio que transmitían un programa sobre la África Negra. Se oyó la voz del locutor que hablaba en inglés, mientras ella leía los subtítulos: "Esta es la región de mayor número de problemas provocados por el crecimiento de la población. Aquí los escenarios para el futuro son pocos: hambre, enfermedades, sobre todo la propagación del SIDA, y conflictos étnicos".

En alguna parte de Nigeria, René esperaba evadirse de la miseria llegando al viejo continente. Se imaginaba un futuro próspero en Europa, una vida arreglada y civilizada. Llamó por el teléfono a un amigo en Barcelona y le preguntó en inglés:

—Enrique, ¿has podido tramitar mis documentos?

—Voy a decepcionarte, pero las cosas han tomado mal rumbo. Aquí miran bajo lupa los documentos de cada refugiado. España está demasiado poblada, pero lo arreglaremos de alguna manera. Ten paciencia. —Y colgó.

Después de grandes peripecias René obtuvo los documentos legales necesarios para convertirse en un universitario de Filosofía en la Universidad Autónoma de Barcelona. Cuando llegó, en el aeropuerto lo estaba esperando su amigo Enrique. Este lo recibió cordialmente y lo llevó a un mísero apartamento alquilado de unos cuarenta metros cuadrados. Allí había otras diez personas de distintas partes de África, que estaban tumbadas en el suelo. En medio de la habitación había una mesa donde dos africanos estaban comiendo. Había un baño con excusado en estado deplorable; la ducha estaba rota, la puerta de madera carcomida por la humedad y toda la casa olía a moho. René no daba crédito a sus ojos. Se abatió, apretó los labios y sonrió sin gana. Luego saludó a sus compañeros y se acostó en un colchón desocupado que estaba previsto para él, según supuso. Se dio cuenta de que, en realidad, las cosas no eran tan bellas como se las había imaginado. De repente, Enrique interrumpió sus cavilaciones:

—Mañana les espero en La Rambla a las diez, chicos y chicas. Les mostraré cómo se ganarán el pan y recibirán sus documentos para su estancia aquí.

Al día siguiente el grupo de africanos se encontraba en la calle central. Enrique los llevó a un almacén en una pequeña calle que cruzaba La Rambla. De allí tomaron los artículos que iban a comercializar clandestinamente. Se trataba de *souvenirs,* portallaves, imanes, gorros, bellos abanicos de tela, tan populares en España, todo tipo de chucherías, así como zapatillas y bolsos femeninos de cuero artificial. Enrique repartió a todos una manta con cordones, los cuales, según les explicó, tenían que tirar si notaban que se acercaba un peligro. Si tiraban los cordones, las mantas se convertían en mochilas que podían poner en el hombro y echar a correr.

Todos los africanos habían ocupado sus sitios. Parecían gorriones que vagaban por la calle en busca de migajas. René estaba muy preocupado. En Nigeria había obtenido una sólida formación en ciencias sociales y no pensaba que iba a ganarse el pan de esta manera. Al mismo tiempo Margi paseaba por las calles de Barcelona y se detuvo frente a la manta de René. Le gustó un abanico muy bello, en el que se podía leer inscrita la palabra "Barcelona" y lo compró enseguida. ¿Por qué no? Costaba solo dos euros: los africanos ofrecían unos precios inferiores que los de las tiendas y la gente prefería ahorrar dinero y comprarles a ellos. Se fijó en la inteligente cara del vendedor René por quien sintió simpatía inmediatamente. Ambos hablaron durante unos veinte minutos en inglés. Después Margi tomó el abanico y se alejó abanicándose. Llamó a su amigo el escritor catalán J. C. y le habló de cómo René la había impresionado mucho y de su actividad ilegal. Él le respondió:

—Como indican las estadísticas, en el último año la población del tiburón blanco ha crecido mucho a causa de los intentos de muchos refugiados de África de alcanzar Europa, pasando por el istmo de Gibraltar desde Marruecos.

Margi sintió un escalofrío.

—Joan, déjate de este humor negro.

—No es humor negro, sino la verdad. Lo creas o no, la aparición de los tiburones blancos en el Mediterráneo se debe al cambio climático por el cual la temperatura de los océanos va creciendo. Además, la pesca industrial reduce el botín de los tiburones y estos deben viajar cada vez más lejos para buscar alimento. Imagínate si te muerde un pez de estos, mide seis metros y pesa dos toneladas.

—¡Sálvame, Dios! Voy a tener pesadillas. Buenas noches.

—Buenas noches.

René no era como el resto de sus colegas. Se trataba de un negro muy esbelto, de alta estatura y muy bien cuidado. Poseía amplia una cultura —dominaba cuatro idiomas— y siempre iba vestido de un modo muy elegante. Esperaba con impaciencia el primer día de universidad en octubre. El día llegó. Con motivo de esta fecha René se había comprado un traje blanco de lino. Mientras explicaba las ideas de Descartes acerca de las sustancias pensante y extensa, un catedrático viejo les puso el siguiente ejemplo:

—¿Ha quedado claro, colegas? A diferencia de nosotros, la piedra no piensa.

Como si fuera un escolar, René levantó la mano y preguntó:

—¿De dónde saca usted que las piedras no piensan? ¿Acaso ha sido piedra alguna vez?

Tras un minuto de incómodo silencio, el auditorio rompió a carcajadas. Más tarde René se fue a trabajar. Esta vez algunos africanos estaban en el metro. Todo el mundo se refería a ellos como "manteros". De repente alguien gritó alarmado que la policía se acercaba hacia ellos, y en un abrir y cerrar de ojos recogieron sus mercancías y se pusieron a correr. René no pudo reaccionar con tanta rapidez y no consiguió dar ni un paso, quedándose petrificado por el horror. La policía lo detuvo, le confiscó la mercancía y le puso las esposas. Margi, que pasaba por allí, vio lo que sucedió y decidió acompañar al joven a la oficina de la policía. Además, como activista por los derechos humanos, se sentía en la obligación de ayudarle. En la oficina comprobaron que los documentos de René eran legales y que tenía el derecho de permanecer en España. Margi pagó la multa. Después la policía liberó a René con la orden de expulsarlo inmediatamente del país.

Como de costumbre Margi se durmió en el sofá frente al televisor. Cuando despertó, recordó la curiosa historia que había soñado. Se dio cuenta de que el televisor estaba todavía encendido. Tras apagarlo, miró hacia su escritorio, donde había un globo terráqueo; le dio una vuelta y sus pensamientos la condujeron a Nigeria, donde estaba su amigo René.

Moda nueva

El psiquiatra Krum Gueorguiev, de cierta edad ya, pues estaba por cumplir los 67, todavía circulaba por Sofía en un clásico patinete. Ese hombre extravagante iba a menudo vestido de forma algo provocativa, moviéndose en un medio de transporte tan inusual para la capital, con camiseta de algodón, moldeando su cuerpo, medias tres cuartos y pantalón hasta la rodilla con vuelta. Así era él, bastante raro visto por su entorno.

Un día, yendo en su patinete, Krum se encontró con una de sus pacientes, que estaba enamorada de él. Este sonrió y se detuvo para intercambiar unas palabras. Reni, así se llamaba la paciente de 35 años, afectada por un trastorno bipolar, le preguntó:

—¿Cómo está usted, doctor Gueorguiev? ¡Muy extraño! No sabía que usara este medio de transporte, y a esta edad. ¡Asombroso!

—Todavía estoy lleno de vitalidad. Vosotros, los pacientes, no habéis acabado conmigo. Hay que mantener el tono vital —respondió él maquinalmente.

—Yo, en cambio, tengo la impresión de que día tras día me estoy hundiendo. No puedo soportar esta ciudad.

—¿Dónde preferirías vivir?

—En España. Es un país hermoso y lleno de vida —respondió Reni, mirando embelesada al Dr. Gueorguiev.

—He leído que los medios de transporte eléctricos van irrumpiendo en las ciudades de toda España, consolidándose como la nueva tendencia en materia de circulación. Cada vez más personas se suman a esta alternativa, dejando de lado los clásicos medios de transporte de motor y usando escúteres, *segways, hoverboards,* bicicletas eléctricas...

—Exactamente. Los medios de transporte eléctricos son un hito en su desarrollo. No ensucian, son rápidos, ligeros y económicos —exclamó Reni.

—El centro de Sofía está imposible para quienes conducen coches y motos. Gracias a mi patinete necesito mucho menos tiempo para trasladarme de un punto a otro. Ahorro gas y no debo buscar aparcamiento.

Mientras permanecían conversando en el parque, junto a ellos pasaron diferentes personas: algunas haciendo su carrerita de la tarde, otras paseando a sus mascotas —una gran variedad de perros y hasta una comadreja con collar y correa— y otros más simplemente caminando sin rumbo.

El Dr. Gueorguiev se despidió de Reni y se encaminó hacia casa. Ella lo siguió durante un buen rato hasta que se cansó. Luego se detuvo y se quedó mirando cómo se alejaba, perdiéndose en la lejanía.

Krum estaba en secreto muy encariñado de Reni. Se podría decir incluso que la amaba, pero no quería violar la ética médica y dejar a su paciente desatendida. Hacía tiempo que se había divorciado de su pareja de toda la vida y ahora, al jubilarse y encontrarse libre para elegir, había decidido hacer realidad su sueño: estar con la mujer amada e irse a vivir con Reni a España.

El Dr. Gueorguiev compró dos pasajes para Málaga, solamente de ida. El psiquiatra tenía allí un amigo, con el quien acabó abriendo un negocio, que registraron acatando los requerimientos municipales. Empezaron así a alquilar patinetes eléctricos, que cada vez se veían más a menudo por las calles de las grandes ciudades. La gente los alquilaba por medio de una aplicación móvil, pagaba al instante y cuando llegaba a su destino, aparcaba y se olvidaba del asunto hasta la próxima vez.

Krum dejó frente a la oficina su querido patinete verde. Estaba sobrexcitado y vestía como un caballero medieval, con un dominó en la cara. Al ver a Reni, se dirigió hacia ella, cayó de rodillas y empezó a hablarle.

—Yo soy Don Juan.

Reni respondió perpleja:

—Muy divertido. ¿Qué quieres que te diga? ¿Hay baile de máscaras en la ciudad, o qué?

El Dr. Gueorguiev se quitó la capa y la hizo ondear en torno a la cabeza de Reni mientras contestaba:

—No, yo soy don Juan, vástago directo de una noble familia española.
—¿Y seduce a las mujeres?
—Nunca he abusado de ellas. Las obsequio con el placer que anhelan, el mayor placer que han de conocer jamás.

Reni suspiró y tendió a don Juan una pastilla rosada, de aquellas que el Dr. Gueorguiev le había prescrito.

Paraíso en el desenlace

Dos palabras acerca del hombre moderno: vive ciertamente para sí mismo, pero está enajenado hasta de su propio yo. Empieza paulatinamente a sentir indiferencia por sí mismo y sus estados de ánimo son aburrimiento, hastío, repulsión y asco. A menudo no se siente nada bien. Esto no significa que esté desanimado. Simplemente no sabe cómo encontrar su puesto en el mundo circundante.

Sven era un representante típico del hombre moderno. Él buscaba solución a los problemas de la agencia publicitaria que dirigía y también naturalmente a los problemas con su mujer, Matilda, empinando el codo con energía. Pero el olvido provisorio no le proporcionaba placer, sino un pesado dolor de cabeza. Embriagado por el alcohol, Sven estaba medio recostado sobre la mesa de la cocina que alumbraba la araña de cristal. Cada santa noche, antes de regresar a su casa, iba al bar No More Tears, donde se llenaba de valor con su dosis de droga alcohólica. Los raros días en que estaba sobrio Sven iba al casino y se gastaba todo el dinero haciendo apuestas. Achispado por el juego, finalmente lograba recuperar como fuera las sumas gastadas. Luego, sin embargo, volvía a invertirlas, como es de suponer, nuevamente en bebida. Este círculo vicioso se repetía hasta la saciedad.

Un sábado por la mañana Sven se despertó lleno de serenidad. Fue al baño a arreglarse la barba con su afeitadora eléctrica. Luego se preparó un café largo en la máquina. Matilda entró en la cocina —ella dormía en otro cuarto—. Acababa de despertarse y había ido a desayunar.

—Lo siento, querida, pero tengo que decirte algo preocupante. Pienso partir hoy mismo hacia Río de Janeiro para vivir allí con una pintora brasileña. Además de encandilada por el arte, lo está, como yo, por los juegos de azar. Quiere enriquecerse de alguna manera.

—¿Estás seguro de lo que dices? —le preguntó Matilda—. ¿Y tirarás así nuestros diez años de vida en común?

—Ya soy un hombre de mediana edad. Simplemente necesito cambiar de ambiente. No me siento pertenecer a nadie, ni a ningún lugar.

—¡Pero tú vives imitando a los demás, que a su vez viven imitando! —gritó Matilda antes de salir de la cocina dando un portazo.

Sven se puso a arreglar la maleta. Tenía demasiados objetos preferidos: la afeitadora eléctrica, el teléfono, el portátil, los auriculares con el MP3 y otros similares, sin los cuales el día a día le parecía impensable. Por supuesto, metió también en la maleta una gran botella de *whisky,* para brindar con la brasileña por esta nueva oportunidad.

Con todo, antes de marchar, Sven escribió una carta de despedida:

"Querida Matilda:

Siento mucho tener que dejarte tan súbitamente y de este modo tan feo, pero mi corazón está frío y no tengo esos sentimientos que tú declaras tener hacia mí. Yo no podría responder a esos sentimientos tuyos. Necesito libertad o un bocado de aire fresco, una relación sin compromiso.

¡Adiós!"

Sven estaba totalmente preparado para enfrentar su nueva vida. Se puso un hermoso traje, una elegante corbata, y unas gafas de sol refractarias. Luego se peinó y salió para sacar su auto del garaje. Era el último modelo deportivo de AUDI color vino. El lema de Sven: Nada que no fuera el máximo absoluto. Su coche era una combinación única de enorme potencia, impresionante aspecto e intransigente control, justamente lo que lo diferenciaba de Sven, inseguro y especulador con la confianza de la gente. Él encubría sus complejos con todo tipo de brillo externo: se teñía el pelo, ya bastante ralo, cambiando a menudo de matiz, caminaba erguido, se mostraba altivo en el trato con el personal, le encantaba la velocidad conduciendo.

Esa noche, ya algo borracho, decidió poner a prueba una vez más su coche en condiciones urbanas. Iba por una avenida central de Estocolmo a más de 100 kilómetros por hora; dos coches patrulla lo seguían de cerca. Por un momento, Sven se adormeció al volante y su coche, que salió volando de la calzada, se estrelló contra un árbol. Como consecuencia de la fuerza del golpe, su cabeza se incrustó en el parabrisas. Cuando los policías llegaron al lugar de los hechos, no pudieron sino constatar que el chofer estaba ya muerto; de este modo, Sven descubrió una posibilidad de llegar allende los confines del mundo regido por la enajenación.

Sex robots

Una noche Bobi y Reni, amigo de la infancia, se reunieron en un bar. Él pidió una cerveza, ella, un zumo. Ella le dijo que se sentía terriblemente sola. Le preguntó a Bobi:

—¿Te imaginas un día en que los robots sustituyan a los humanos varones? He leído un artículo sobre un *sex* robot masculino que reacciona al tacto y al habla, tiene orgasmos, cumple órdenes… Y se me olvidaba: además de sexo, le proporciona a su dueña conversación, al igual que comunicación inversa, y hasta la lleva en brazos.

—¡Suena de lo mejor! —exclamó Bobi—. Pero entonces, ¿cuál será nuestro papel?

—Poco a poco el mundo se va robotizando, y ya que no puedo encontrar un alma gemela que comparta mis sentimientos, voy a encargar un *sex* robot.

—No hace falta que encargues nada. Te lo regalo por tu cumpleaños. Es pronto, ¿verdad?

¡Dicho y hecho! Bobi le hizo llegar a Reni por su cumpleaños un envío especial. En la tarjeta ponía: "Que seas feliz con el incansable androide".

Reni abrió el enorme paquete, de más de 1,80 m de alto. Descubrió sorprendida un *sex* robot, provisto de un pene biónico. No tenía paciencia de probar su nueva adquisición. El sexo con el robot duraba lo que pedía su dueña, con las posturas que le gustaban a ella. El amante mecánico le decía a Reni palabras románticas, recordaba citas de sus libros preferidos, le proporcionaba placer físico. El aspecto exterior de su nueva pareja era muy similar al de un ser humano. Ella pensaba: «¡Por fin encontré al hombre ideal! Cumple con todos mis deseos y caprichos. ¿Qué más puedo esperar?»

El móvil de Reni sonó. Era su gran amor, Svetlio:

—¡Hola, Reni! ¿Estás libre esta noche?

Reni ya no sentía nada por él y le respondió con frialdad.

—Lo siento mucho, pero no hay forma. Mi pareja actual, Jim, es irresistible. No puedes competir con él. A diferencia de ti es extraordinariamente puntual, sensible y abnegado. Te deseo lo mejor, pero entre nosotros no va a haber química. No te hagas ilusiones. A lo mejor antes, sí, pero ahora ya es tarde.

Svetlio cortó la comunicación, perplejo.

Bobi y Reni patinaban en el parque mientras conversaban. Entonces, Bobi empezó a quejarse:

—Querida Reni, las cosas no me van bien en el plano personal. ¿Cómo te va a ti? ¿Ya te acostumbraste al regalo?
—Me he encariñado mucho con Jim. Cumple sin rechistar con todos mis deseos, pero no estoy segura de que me ame.

—Como es tan irresistible, a ver si me busco también una mujer *sex* robot.

—Me parece muy bien. Te regalaré a Samanta. Es el modelo más reciente, casi casi una ninfómana.

—De acuerdo. Probaré con estas novedades técnicas, puede que resulte algo.

Reni le envió bien empaquetada la robot Samanta y unas líneas ingeniosas. Él experimentó enseguida con su nueva pareja. Ella cumplía realmente con sus deseos más entrañables, pero él no captaba una presencia humana.

"Hago un sexo estupendo con Jim, pero me faltan el calor humano, los sentimientos compartidos, las aspiraciones y los intereses compartidos", escribió Reni en su diario. La fecha era el 27 de agosto de 2025.

Poco después Bobi y Reni se vieron en la playa. Decidieron entrar en el agua. Bobi se zambulló en la parte más profunda, mientras que Reni nadaba cerca de la orilla. Bobi se le acercó, bromeando con ella y arrojándole agua. Sus cuerpos se rozaron. En ese mismo instante Reni se sintió fuertemente atraída por él. Lo mismo le ocurrió a él y la abrazó. Los dos salieron del agua cogidos de la mano, obviamente felices.

Poco después en el diario de Bobi apareció la siguiente nota: "Jim 0101 y Samanta 0330 - chapa oxidada para reciclar".

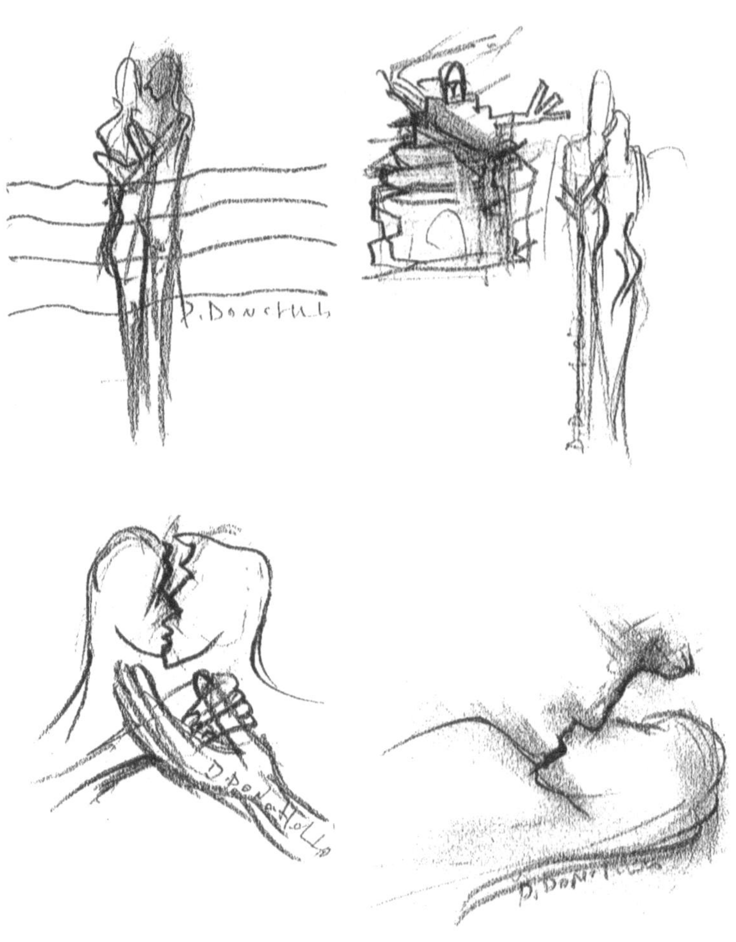

www.ingramcontent.com/pod-product-compliance
Lightning Source LLC
Chambersburg PA
CBHW020126180726

47992CB00020B/2513